BEI GRIN MACHT SICH IHR WISSEN BEZAHLT

- Wir veröffentlichen Ihre Hausarbeit,
  Bachelor- und Masterarbeit

- Ihr eigenes eBook und Buch -
  weltweit in allen wichtigen Shops

- Verdienen Sie an jedem Verkauf

Jetzt bei www.GRIN.com hochladen
und kostenlos publizieren

Faten EL-Dabbas

Buchrezension zu: „Regieren in der Bundesrepublik Deutschland - Innen- und Außenpolitik seit 1949" v. Manfred G. Schmidt und Reimut Zohlnhöfer

GRIN Verlag

Bibliografische Information der Deutschen Nationalbibliothek:

Die Deutsche Bibliothek verzeichnet diese Publikation in der Deutschen National-
bibliografie; detaillierte bibliografische Daten sind im Internet über http://dnb.d-
nb.de/ abrufbar.

Impressum:

Copyright © 2012 GRIN Verlag GmbH
Druck und Bindung: Books on Demand GmbH, Norderstedt Germany
ISBN: 978-3-656-22704-5

Dieses Buch bei GRIN:

http://www.grin.com/de/e-book/196567/buchrezension-zu-regieren-in-der-bundes-
republik-deutschland-innen

GRIN - Your knowledge has value

Der GRIN Verlag publiziert seit 1998 wissenschaftliche Arbeiten von Studenten, Hochschullehrern und anderen Akademikern als eBook und gedrucktes Buch. Die Verlagswebsite www.grin.com ist die ideale Plattform zur Veröffentlichung von Hausarbeiten, Abschlussarbeiten, wissenschaftlichen Aufsätzen, Dissertationen und Fachbüchern.

Besuchen Sie uns im Internet:

http://www.grin.com/

http://www.facebook.com/grincom

http://www.twitter.com/grin_com

UNIVERSITÄT POTSDAM
Wirtschafts- und Sozialwissenschaftliche Fakultät
Lehrstuhl für Politik und Regieren in Deutschland und Europa
Wintersemester 2011/12
Proseminar: Das politische System der Bundesrepublik Deutschland
im europäischen Kontext

Buchrezension zu:

„Regieren in der Bundesrepublik Deutschland. Innen- und Außenpolitik seit 1949"

v. Manfred G. Schmidt und Reimut Zohlnhöfer

Wortanzahl: 2.579

Selten hat ein Einführungswerk in das politische System Deutschlands eine politikfeldspezifische Policy-Analyse gewählt. Der vorliegende Band „Regieren in der Bundesrepublik Deutschland. Innen- und Außenpolitik seit 1949" von den Politikwissenschaftlern Manfred G. Schmidt und Reimut Zohlnhöfer hebt sich aber gerade dadurch von gängigen Einführungswerken ab.

Der Titel verspricht die Brücke zwischen Innen- und Außenpolitik zu schlagen und deutet auf eine historische Betrachtungsweise hin. Doch auf den 523 Seiten gelingt den Professoren an der Universität Heidelberg in Zusammenarbeit mit anderen Politikwissenschaftlern ein Werk, das mehr als nur auf der diachronen Ebene überzeugt. Indem es Zusammenhänge zwischen den Inhalten und Ergebnissen der Politik und zwischen den Institutionen und Abläufen seit 1949 untersucht (Schmidt/ Zohlnhöfer 2006, S.9), wechselt es die Perspektiven.

Den Leser erwartet in vier Kapiteln ein Überblick über die wichtigsten Politikfelder in Deutschland. Eingerahmt werden diese von einem Vorwort, das die Rahmenbedingungen der politischen Willensbildung und Entscheidungsprozesse analysiert, und einem Abschlusskapitel, in dem nach 55 Jahren deutscher Regierungspolitik Bilanz gezogen wird.

Das erste Kapitel führt uns in die *„Klassischen Politikfelder"* ein, worunter die Herausgeber zunächst die Verfassungspolitik fassen. Es wird untersucht, wie oft die deutsche Verfassung im Zeitverlauf geändert wurde und welche Institutionen und Faktoren einen Einfluss darauf hatten. Im Ergebnis wurde das Grundgesetz von 1949 bis 2004 51 Mal geändert, was auf einen erheblichen Wandel deutet. Doch ein Vergleich mit anderen Ländern zeigt, dass diese Änderungsrate international nicht extrem hoch ist, sodass das Grundgesetz insgesamt ein zuverlässiges und stabiles Spielregelwerk darstellt.

Weiterhin werden die Staatsfinanzen als klassisches Politikfeld eingestuft. Als finanzielle Ressource eines Staates bilden sie den Kern der Staatstätigkeit. Es werden die Staatseinnahmen und -ausgaben beleuchtet und die Ergebnisse erneut international mit den OECD-Ländern verglichen. Es wird auf die Staatsverschuldung als Option zur Finanzierung der Staatstätigkeit eingegangen. Besonders widmet sich der Autor den Finanzbeziehungen zwischen den drei Ebenen Bund, Länder und Gemeinden.

Unter dem nächsten Punkt „Innere Sicherheit und der Wandel von Staatlichkeit" verbirgt sich ein Bereich, der von einem starken Wandlungsdruck gekennzeichnet ist. Anhand der drei Faktoren Europäisierungsprozess, Verlust der Polizei über das Monopol der Sicherheit und internationaler Terrorismus wird dieser Wandel erklärt. So hatte der internationale Terrorismus zur Folge, dass der Bund stärkere Kompetenzen erhalten sollte, was u.a. auch zur

Gründung eines Terrorismus-Abwehrzentrums führte. Die innere Sicherheit soll letztlich an die Europäisierung, Internationalisierung und Globalisierung angepasst werden, aber gleichzeitig im Einklang mit dem Rechtsstaats- und Demokratiegrundsatz stehen.

Zuletzt findet die Migrations- und Staatsangehörigkeitspolitik ihren Platz unter den klassischen Politikfeldern. Deutschland ist innerhalb der OECD-Länder eines der Hauptzielländer für Migranten und das wichtigste Aufnahmeland in der Union. Dennoch ist nach den drei Einwanderungswellen (Gastarbeiter ab 1955, deren Familien ab 1973 und die Gruppe der Asylbewerber ab 1978) der politische Umgang mit den Migranten problematisch. Das Selbstverständnis Deutschlands als Nichteinwanderungsland spiegelt sich u.a. in dem erst sehr spät verabschiedeten Zuwanderungsgesetz von 2004 wieder. Der Autor macht deutlich, dass die Parteien und Koalitionen mangels überparteilichen Konsenses sehr viel zum Handlungsdefizit in der Migrationspolitik beitrugen.

Das zweite Kapitel widmet sich den *„Sozialstaatlichen Politikfeldern"*. Es bildet das umfangreichste Kapitel und deckt darin die Sozialpolitik, Gesundheitspolitik, Arbeits- und Beschäftigungspolitik, Wohnungspolitik, Bildungs- und Kulturpolitik sowie die Gleichstellungspolitik ab. Obwohl Deutschland für die Sozialpolitik im Vergleich zu anderen Politikfeldern am meisten Geld ausgibt, erklärt der Autor sie zu einem „Sanierungsfall" (Schmidt/ Zohlnhöfer 2006, S. 154). Ein Kennzeichen der deutschen Politik ist das Vorhandensein zweier großer Volks- und Sozialstaatsparteien CDU/CSU und SPD, die die politischen Entwicklungen nachhaltig durch ihre Konkurrenz prägten. Der Autor erklärt sowohl alle bisherigen Regierungen als auch die Oppositionsparteien für den Zustand der Sozialpolitik für mitverantwortlich.

Im Anschluss werden aus konflikttheoretischer Perspektive die Entwicklungen in der Gesundheitspolitik untersucht. Bis 1975 war dieses Politikfeld vom Lobbyismus geprägt ohne dass ein konsensorientierter Ausbau des Gesundheitssystems stattfinden konnte. Nach der Wende strebte die Große Koalition Verhandlungen an mit dem primären Ziel der Finanzierbarkeit, sodass unter Einfluss des Europäischen Integrationsprozesses die Bedeutung der Finanzierbarkeit und die der Qualität zu Lasten der Wachstumsziele zunahmen.

„Von Vollbeschäftigung in Arbeitslosigkeit" lautet der Titel des nächsten Unterkapitels zur Arbeitsmarktpolitik. Anhand von sehr theoriebeladenen Abschnitten wird festgestellt, dass der deutsche Arbeitsmarkt an einer Wachstumsschwäche und mangelnder Beschäftigungsdynamik leidet. Zurückzuführen sei dies auf den handlungshemmenden

Föderalismus, dem veralteten, an Männern orientierten Bild der Vollbeschäftigung und der Sozialpartnerschaft. Diese Faktoren lassen den Autor pessimistisch in die Zukunft blicken.

Das Verständnis der Wohnungspolitik als Versorgung mit Wohnraum und Geld erklärt die Einstufung der Wohnung als Sozialgut und nicht als Wirtschaftsgut. In diesem Kapitel werden zunächst die Zuständigkeiten zwischen Bund und Ländern erläutert: Der Bund hat Mitsprache im Rahmen der konkurrierenden Gesetzgebung, ist aber im finanziellen Bereich auf die Zustimmung der Länder angewiesen. Der Autor führt den Leser in drei Instrumente der Wohnungspolitik ein, die zum einen konfliktbehaftet sind (z.B. Mietrecht), konsensual getragen sind (z.B. Wohngeld) und die drittens fragmentiert-überfrachtet sind (z.B. Eigenheimzulage).

Das Problem der Kompetenzverteilung zwischen Bund und Ländern wird besonders im Bereich der Bildungspolitik deutlich. Die Länder haben einen großen Spielraum bei der Gestaltung dieses Aufgabengebiets, doch sind durch die föderale Vielfalt langsame Entscheidungsfindungen und Blockaden Gang und Gebe. Dennoch wird gesagt, dass eine Gemeinschaftsverträglichkeit herrscht, die Differenzen zusammenhält. Allerdings sollte stärker betont werden, dass wir in Deutschland eine schwache Bildungspolitik haben, zumal sich keine Besserung erkennen lässt.

Mit der Analyse der Kulturpolitik befasst sich der nächste Abschnitt. In Deutschland fand eine Vergesellschaftung von unten durch Entstehung von Soziokulturen statt und von oben durch Sponsoren. Der Autor schlussfolgert aus der Analyse, dass die Kulturpolitik nicht immer sinnvoll gesteuert worden ist.

Im Gegensatz zur Kulturpolitik ist die Gleichstellungspolitik ein relatives neues Politikfeld und hauptsächlich das Resultat der europäischen Integration. Daher liegt der Schwerpunkt der Ausführungen auf den Wechselwirkungen zwischen der Europäischen Union und der deutschen Gleichstellungspolitik. So wurden Reformen in diesem Bereich immer wieder von „außen" angestoßen. „Ohne die Ausstrahlung der EU, die 'expansive Logik der Integration' [...] hätte sich jedenfalls in Deutschland die Gleichstellung als eigenständiges Politikfeld nicht profilieren können" (Schmidt/Zohlnhöfer 2006, S.267), so die Autorin.

Das dritte Kapitel widmet sich der *„Staatlichen Regulierung von Wirtschaft, Infrastruktur und Umwelt"*. Seit 1999 spricht man von Deutschland als dem „sick man oft the Euro" (Schmidt/ Zohlnhöfer 2006, S. 285). Diese Worte leiten in das Kapitel der deutschen Wirtschaftspolitik ein. Es folgt ein empirischer Abschnitt über die wirtschaftliche Entwicklung seit 1949, dem theoretische Schlussfolgerungen folgen. Im Mittelpunkt der Analyse steht die

Parteiendifferenzhypothese: Danach werden die Differenzen innerhalb des Parteienspektrums als Erklärung für Entwicklungen herangezogen. Es wird aber richtigerweise angefügt, dass die Parteiendifferenzhypothese als alleinstehender Erklärungsansatz ungenügend ist und durch eine Untersuchung von Wählerstimmen und inter- bzw. supranationale Einflüsse ergänzt werden muss. Dieses Unterkapitel leistet insgesamt auf empirischer, konzeptioneller und theoretischer Ebene sehr viel.

Im folgenden Abschnitt geht es um „Die politische Regulierung industrieller Beziehungen", worunter die Beziehungen zwischen Arbeitnehmern und Arbeitgebern bzw. deren Vertreten verstanden wird. Bis in die 1980er Jahre wird kaum Reformstreben unter den Akteuren festgestellt. Der Wandel setzte erst mit der Wiedervereinigung, der EU-Integration und der Internationalisierung ein, an denen sich die bestehenden Regulierungen anpassen müssen.

Als nächstes wird in die deutsche Agrarpolitik eingeführt. Wieder lässt sich aus dem Titel „Von der Landwirtschaft zur Amtswirtschaft" die Richtung der Entwicklung ablesen. Der Gesetzgeber reguliert dieses Politikfeld immer mehr, was in eine umfassende Bürokratisierung und Kontrolle der Landwirtschaft mündet. Der Wandel zur Amtsverwaltung sei bedingt durch Gefährdungslagen, die strikt überwacht werden müssten. Ein weiterer Faktor sei das Fehlen einer zentralen Voraussetzung der Selbstregulierung durch die wachsende Gleichheit der Landwirtschaft.

Eine gegensätzliche Entwicklung durchlebte die Verkehrspolitik. Sie veränderte sich von einem stark regulierten Politikfeld zu einen deregulierten, privatisierten Politikfeld. Der europäische Druck, die veränderten Transportbedürfnisse und die allgemein angestiegene Mobilität setzten eine Neuordnung der Verkehrspolitik in Gang, die eine Verstärkung der Koordinationsmechanismen aller Verkehrsgüter zum Ergebnis hatte bei gleichzeitiger Rücknahme staatlicher Eingriffe.

Das nächste Kapitel behandelt die Medienpolitik in Deutschland. Positiv ist, dass gleich zu Beginn der Leser in den Begriff und den Umfang der „Medienpolitik" eingeführt wird. Es handelt sich um ein offenes, dynamisches Handlungssystem mit vielen staatlichen, politischen, ökonomischen und gesellschaftlichen Akteuren (Schmidt/ Zohlnhöfer 2006, S. 387). Man könne zudem auch nicht von *der* Medienpolitik sprechen, da sie sich institutionell und inhaltlich stark zwischen Presse, Rundfunk und Onlinebereich differenziert. Im zweiten Schritt werden die Akteure und ihre Kompetenzen vorgestellt. Auf empirischer Ebene stellt man eine Zunahme an ökonomischen Akteuren (z.B. neue Verbände) und internationalen Akteuren fest, was mit der Betrachtung der Medien als Wirtschaftsgut zusammenhängt.

Das dritte Kapitel schließt mit einem Abschnitt zur Umweltpolitik ab. Darunter fasst man „organisierte[…] Handlungen zur Ermittlung und Lösung von Umweltproblemen…, an denen staatliche Akteure … beteiligt sind" (Schmidt/ Zohlnhöfer 2006, S.405). Die vielschichtigen Dimensionen der Umweltpolitik werden mit einem 3D-Würfel visualisiert, was für Abwechslung sorgt. Nach einem historischen Abriss der Umweltpolitik unter den verschiedenen Regierungen folgt die Bilanz. Trotz einiger Defizite kommt der Autor zu dem Ergebnis, dass Deutschland unter den Industrieländern führend ist, was unter Anderem daran liegt, dass die umweltpolitischen Ziele überwiegend parteiübergreifend angestrebt werden.

Das letzte Kapitel in der Analyse der Politikfelder wendet sich schließlich der *„Internationalen Dimension deutscher Politik"* zu und versucht dem Anspruch des Buches gerecht zu werden, das Regieren in Deutschland auf innen- und außenpolitischer Ebene zu untersuchen.

Dem Autor zufolge befindet sich die deutsche Außenpolitik zwischen gewollter Kontinuität und gezwungenem Wandel. Das traditionelle außenpolitische Verhalten Deutschlands orientiert sich am Konzept der „Zivilmacht", das sich in der Ablehnung militärischer Macht, einer Westorientierung und in einem Souveränitätsverzicht zeigt. Allerdings steht dieses selbst zugeschnittene Konzept im Spannungsfeld mit den veränderten Rahmenbedingungen, was gut am Beispiel des Irakkriegs von 2003 gezeigt wird.

Dieses Spannungsfeld setzt sich in der Sicherheits- und Verteidigungspolitik fort, ein Bereich, der ebenfalls von Kontinuität und Wandel geprägt ist. Die steigenden Bundeswehreinsätze im Ausland und die Schwerpunktsverlagerung auf eine sicherheits- und verteidigungspolitische Rolle der EU spiegeln den größten Wandel nach dem Ende des Ost-West-Konflikts wieder. Dagegen blieb der Regierungskurs weitgehend kontinuierlich. Am Ende des Beitrags ist auf ein Aktualitätsdefizit hinzuweisen, denn mit der neuen Bundeswehrreform von 2011 wurde die Wehrpflicht abgeschafft.

Die Außenpolitik Deutschlands wird zunehmend von der Europäischen Union bestimmt. So trägt der folgende Abschnitt den Titel „Europapolitik als Staatsraison". Seit den 1950er Jahren gehört die europäische Einigung zur Staatsraison der Bundesrepublik. Heute hat sich Deutschland zur europäischen „Mitführungsmacht" entwickelt. Auf dem Weg dorthin erklärte man das neue Selbstbewusstsein und das nationale Interesse Deutschlands nicht mit Kontinuität oder Wandel, sondern mit einem dritten Weg „Pragmatisierung" (Schmidt/ Zohlnhöfer 2006, S. 267). Die Autorin widerlegt aber diese These und sieht in dem Engagement Deutschlands für ein friedliches Europa eine ausgeweitete Kontinuität. Einer

Analyse der internen Einflussfaktoren auf die deutsche Europapolitik ist zu entnehmen, dass höchstens der Bundesrat Einfluss ausüben konnte. Leider wird dies nicht näher erläutert. Dem Bundesverfassungsgericht wird die Rolle des kritischen Beobachters des europäischen Integrationsprozess zugewiesen, eine Beobachtung, die sich aktuell in der Frage nach der Euro-Krise sehr gut bestätigen lässt.

Das letzte Unterkapitel im Kontext der Außenpolitik geht der Frage der Europäisierung der deutschen Politik nach. Europäisierung ist abzugrenzen von der Europäischen Integration und wird verstanden als ein „interaktiver Prozess [...], der sowohl die Entstehung neuer Institutionen, politischer Prozesse und Politikprogramme auf der europäischen Ebene als auch deren Wirkung auf der mitgliedstaatlichen Ebene umfasst" (Schmidt/ Zohlnhöfer 2006, S. 492). Beeindruckend ist die tabellarische Darstellung des Europäisierungsgrads in Tiefe und Breite. Im Zeitraum von 1958 bis 2003 wird die Europäisierung der Politikfelder „Auswärtige Beziehungen", „Innen- und Justizpolitik", „Sozio-kulturelle Angelegenheiten" und Wirtschaft" in der Breite untersucht (d.h. in dem gesetzgeberischem Spielraum der EU) und in der Tiefe (d.h. in ihrer Intensität). Das Ergebnis ist eine fortschreitende, aber differenzierte Europäisierung, die in Breite und Tiefe variiert, die insgesamt aber in den meisten Bereichen stark ausgeprägt ist. Interessant ist, dass der Autorin zufolge keine doppelte Politikverflechtungsfalle existiert. Stattdessen trage der kooperative Föderalismus vielmehr zu einer besseren Umsetzung europäischer Vorgaben auf nationalstaatlicher Ebene bei (Schmidt/ Zohlnhöfer 2006, S.504/505).

Im letzten Kapitel ziehen die Herausgeber Bilanz und versuchen ihre eingangs aufgeworfene Frage nach der Erfolgsgeschichte der innen- und außenpolitischen Regierung in Deutschland seit 1949 zu beantworten. Insgesamt wird die deutsche Regierungspolitik von vier Faktoren beeinflusst.

1. Folgen der deutschen Einheit
2. Europäisierung der deutschen Politik
3. Rolle politischer Parteien
4. Institutionelle Begrenzungen des politischen Systems

Im Rahmen der Analyse dieser Faktoren werden die Zwischenergebnisse der einzelnen Kapitel nochmal zusammengefasst. Die Herausgeber zitieren andere Autoren, die die Bundesrepublik als „geglückte Demokratie" und als „Erfolgsgeschichte" (Schmidt/

Zohlnhöfer 2006, S. 521) werten. Auf der Ebene des internationalen Vergleichs stimmen Schmidt und Zohlnhöfer dieser Wertung zu, doch wollen sie die Antwort in den Kontext der Regierungspolitik vor und nach der Wiedervereinigung stellen. Für eine Erfolgsgeschichte spreche die Aufteilung und Zügelung der politischen Macht, unter Anderem durch Einbindung der Opposition, eine gute Bewältigung von Regierungswechseln sowie eine stabile Demokratie. Dem gegenüber treten politikfeldspezifische Probleme zum Vorschein und institutionelle Rahmenbedingungen enthüllen sich als Hindernis. Die hohen Kosten der Willens- und Entscheidungsfindung sowie die vielen Vetospieler führen zu einem langsamen Prozess der Problemverarbeitung und behindern Reformen. Das Ergebnis der Regierungspolitik, so die Herausgeber, ist schließlich „eine Kombination von Licht, Schatten und Grautönen" (Schmidt/ Zohlnhöfer 2006, S. 524). Damit handelt es sich um ein ausgewogenes, differenziertes Fazit, mit dem sich der Leser zufriedenstellen lässt.

In der Gesamtbetrachtung des Bandes sticht formal die übersichtliche, nachvollziehbare Gliederung in fünf Kapiteln mit Unterkapiteln hervor, die ein schnelles, zielgerichtetes Nachschlagen ermöglicht. Unterstützt werden die Beiträge von ausdrucksstarken Teilüberschriften, die dem Leser den Einstieg in das neue Thema erleichtern. Jedem Unterkapitel folgt ein Literaturverzeichnis, das einer Vertiefung dient. Abgesehen von einigen Ausnahmen, bei denen die Kenntnis von Begriffen wie „Sozialpartnerschaft" (Schmidt/ Zohlnhöfer 2006, S. 321) oder „keynesianische" Theorie (Schmidt/ Zohlnhöfer 2006, S.73) vorausgesetzt wird, ist trotz der Kürze der Beiträge ein verständlicher Überblick in die Politikfelder gelungen, sodass sich der vorliegende Band sehr gut als Einführungswerk eignet. Allerdings besteht bei einer Politikfeldanalyse mit Einzelbeiträgen die Gefahr, dass diese unzusammenhängend im Raum stehen, sich die Autoren wiederholen oder aber, dass ein unterschiedlicher Schreibstil der Autoren den Lesefluss stört. Dem ist jedoch entgegenzusetzen, dass sich die Beiträge in ihrem Aufbau gleichen, indem sie sich an gemeinsamen Fragestellungen orientieren und durchweg den Einfluss von Parteien, Institutionen, der Deutschen Einheit und des Europäisierungsprozesses untersuchen.
Auch auf den verschiedenen Forschungsperspektiven leistet der Band sehr viel. So wird überwiegend auf empirischer Ebene in ein Politikfeld eingeführt, teils mit Statistiken, gefolgt von theoretischen Konzepten, die der Autor dann normativ abschließt. Durch die systematische Gliederung in Politikfelder wird dem Leser eine Alternative zu gängigen Einführungswerken in das politische System Deutschlands geboten. Der Wechsel zwischen innen- und außenpolitischer Perspektive ist ein weiterer Vorteil dieses Bands, da letztere in

anderen Werken oft nur wenig behandelt wird. Zu bemerken ist aber in diesem Zusammenhang, dass die internationale Perspektive eigentlich nur auf die Europapolitik beschränkt ist. Wer ausführliche Informationen beispielsweise zu den deutschen Beziehungen zu den Vereinigten Staaten oder zum Mittleren und Nahen Osten wünscht, sucht hier vergebens.

Insgesamt eignet sich der Band aber in zweifacher Hinsicht insofern, dass man sich politikfeldspezifisch informieren kann ohne das gesamte Buch zu lesen. Will man dagegen ein Gesamtüberblick über das politische System Deutschlands haben, so ist der Griff nach diesem Buch ebenfalls zu empfehlen. Daher sind sowohl Politikwissenschaftler als auch Politikinteressierte mit diesem Band gut bedient.

Leider liegt der Band bisher nur in der Erstausgabe von 2006 vor. Nach fünf Jahren ist aber eine aktualisierte Ausgabe angebracht und wünschenswert, die die Politik unter der schwarz-gelben Regierung analysiert und bewertet. Wie etablieren sich Veränderungen wie die Föderalismusreform II? Hat sich Deutschlands Vorreiterrolle innerhalb der EU bekräftigt oder leidet die Union unter deutschen (Veto)-Entscheidungen? Wie ist das deutsche Management der Euro-Krise zu bewerten? Diesen und weiteren Fragen könnte sich eine überarbeitete und ergänzende Ausgabe widmen.

Schmidt, Manfred/ Zohlhöfer, Reimut (Hrsg.): Regieren in der Bundesrepublik Deutschland. Innen- und Außenpolitik seit 1949. VS-Verlag für Sozialwissenschaften, Wiesbaden 2006.